AF313780

CATALOGUE

DE

TABLEAUX MODERNES

PAR

C. BERNIER, BOUDIN, BRISSOT, J.-. BROWN, CALS, G. COLIN, COROT, COURBET,
K. DAUBIGNY, DELPY, V. DUPRÉ, ISABEY, JONGKIND,
LÉPINE, E. LEVY, PIETTE, PISSARRO, RENOIR, RIBOT, SISLEY,
TASSAERT, VERNON, VIGNON, ETC.

TABLEAUX ANCIENS

AQUARELLES — DESSINS — GRAVURES

COMPOSANT LA

Collection de feu M. Louis FLORNOY

ARMATEUR A NANTES

TABLEAUX par JONGKIND

Appartenant à Madame MARESCHAL, née BASCLE

ET DONT LA VENTE AURA LIEU, A PARIS

HOTEL DROUOT, SALLE N° 6

Le Lundi 10 Avril 1905

à deux heures

COMMISSAIRE-PRISEUR	EXPERT
M. PAUL CHEVALLIER	**M. DURAND-RUEL**
10, rue Grange-Batelière	16, rue Laffitte

EXPOSITION PUBLIQUE

Le Dimanche 9 Avril 1905, de une heure 1/2 à cinq heures 1/2

CONDITIONS DE LA VENTE

Elle sera faite au comptant.

Les acquéreurs paieront *dix pour cent* en sus des prix d'adjudication.

Paris. — Imprimerie de l'Art, E. Moreau et Cᵉ, 41, rue de la Victoire.

Désignation

Collection de feu M. Louis Flornoy

TABLEAUX MODERNES

BERNIER
(CAMILLE

1 — *Vaches à l'abreuvoir.*

Signé à gauche.

Toile. Haut., 95 cent.; larg., 71 cent.

BOUDIN
(E. L.)

2 — *La Côte bretonne ; Environs de Camaret.*

Toutes voiles dehors, un bateau vient de rentrer de la pêche et s'est échoué sur la plage. Vers la gauche, deux marins semblent visiter la coque du bateau, tandis qu'à droite, une charrette attelée de deux chevaux vient chercher le produit de la pêche.

Plus loin, vers l'anse de la baie, deux chaloupes et un canot où sèchent des voiles.

Signé à droite et daté : 73.

Toile. Haut., 36 cent.; larg., 58 cent.

BOUDIN
(E. L.)

3 — *Près Honfleur ; Marée basse.*

Au premier plan, deux bateaux de pêche et quelques canots sont échoués sur le sable.

Au fond, de nombreux bateaux sont à l'ancre le long d'un quai au bout duquel on aperçoit, vers la droite, la silhouette d'un phare.

Signé à gauche et daté : 73.

Toile. Haut., 36 cent.; larg., 58 cent.

BOUDIN
(E. L.)

4 — *Nature morte.*

Sur une table de cuisine, un jambon entamé est posé sur un plat à côté d'un bocal de cornichons. Un couteau et quelques champignons complètent la composition.

Signé à gauche.

Toile. Haut., 30 cent.; larg., 46 cent.

BRISSOT
(F.)

5 — *Moutons rentrant à la bergerie.*

Signé à droite.

Panneau. Haut., 35 cent.; larg., 46 cent.

BROWN
(JOHN-LEWIS)

6 — *Le Départ pour la promenade.*

Au pied d'un grand escalier, un valet tient par la bride le coursier sur lequel la châtelaine s'apprête à faire sa promenade.

Signé à gauche.

Panneau. Haut., 24 cent. 1/2; larg., 19 cent.

CALS
(A. F.)

7 — *Une Rue à Béthencourt.*

Signé à droite et daté : *1866*.

Toile. Haut., 50 cent.; larg., **61 cent.**

700

CALS
(A. F.)

8 — *Cour de ferme.*

Signé à droite et daté : *1857*.

Toile. Haut., 40 cent.; larg., 31 cent.

210

Carmentron

CALS
(A. F.)

9 — *Pêches.*

Signé à droite, dans le haut, et daté : *Honfleur 1873*.

Toile. Haut., 24 cent. 1/2 : larg., 37 cent. 1 2.

150

COLIN
(GUSTAVE)

10 — *La Chasse au canard.*

Un chasseur, accompagné de son chien, est arrêté vers la droite d'un étang bordé d'arbres et guette le passage du gibier.

Signé à gauche.

Toile. Haut., 65 cent.; larg., 80 cent.

315

Hubert

COROT
(J.-B. C.)

11 — *Vue de Saint-Lô.*

A gauche, au premier plan, une paysanne en bonnet blanc gravit le talus escarpé qui longe le bord de l'eau.

Sur la rive opposée, un lavoir et quelques maisons. Vers le centre, un pont traverse la rivière et conduit à la ville dont les clochers et les maisons, en partie cachées par les arbres, se profilent sur le ciel argenté, parsemé de légers nuages.

Signé à gauche.

Toile. Haut., 36 cent.; larg., 26 cent.

COROT
(J.-B. C.)

12 — *Dans la Forêt.*

Deux jeunes garçons s'amusent à escalader les blocs de rochers épars dans un repli de terrain, tandis qu'un troisième se repose près d'un bouquet d'arbres,

Signé à gauche.

Toile. Haut., 25 cent.; larg., 32 cent.

COURBET
(GUSTAVE)

13 — *Paysage aux environs d'Ornans.*

Vers la droite, un torrent est traversé par un pont à deux arches. A gauche, des talus escarpés bordent la route qui se dirige vers le fond où un grand rocher détache sur le ciel bleu sa silhouette massive.

Signé à gauche et daté : 65.

Toile. Haut., 49 cent.; larg., 65 cent.

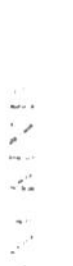
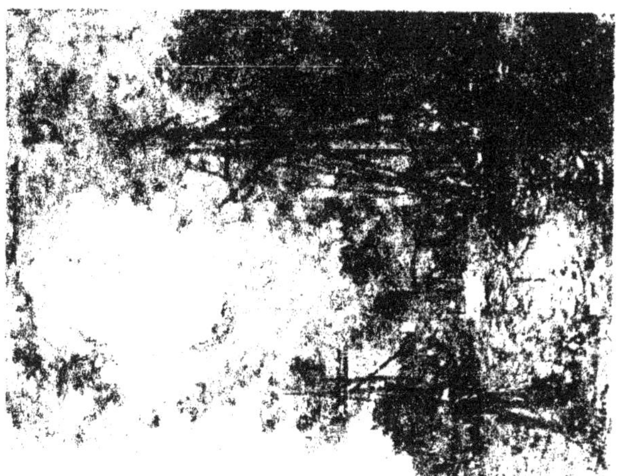
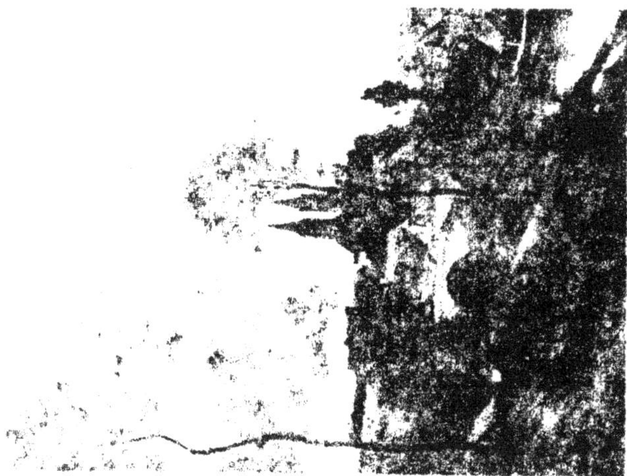

COROT

[illegible]

11 — *Vue de Saint-Lô* [illegible]

9.180
Schoumaker

[illegible]

COROT

[illegible]

12 — *[illegible]* [illegible]

1.300
Allard

[illegible]

COURBET

[illegible]

13 — *[illegible]*

2.6[illegible]
Durand-R[illegible]

[illegible]

COROT

JONGKIND

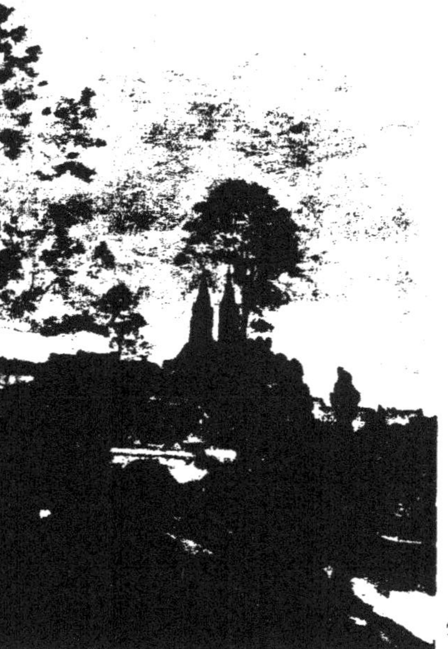

nᵒ 11

nᵒ 62

DAUBIGNY
(KARL)

14 — *En Normandie.*

Dans un verger, deux paysans sont attablés sous les pommiers. Une femme vient leur verser du cidre, tandis que deux enfants jouent sur l'herbe, près des poules et des canards.

Signé et daté à gauche : *1877.*

Panneau. Haut., 46 cent.; larg., 73 cent.

DELPY
(H. J.)

15 — *Matin à La Roque, près Gaillon (Eure).*

Signé à gauche.

Panneau. Haut., 38 cent.; larg., 61 cent.

DUPRÉ
(VICTOR)

16 — *Ferme au bord d'une rivière.*

Signé à droite et daté : *1875.*

Toile. Haut , 36 cent.; larg., 56 cent.

DUPRÉ
(VICTOR)

17 — *Paysage.*

Au premier plan, une mare où les bestiaux, conduits par une vachère, viennent s'abreuver à l'ombre des grands arbres.

Signé à gauche.

Panneau. Haut., 32 cent.; larg., 24 cent.

GAUTIER
(A.)

18 — *Petite Fille au chien.*

Signé à droite.

Toile. Haut., 38 cent.; larg., 55 cent.

GAUTIER
(A.)

19 — *La Leçon de lecture.*

Signé.

Panneau. Haut., 47 cent.; larg., 38 cent.

GILBERT
(V.)

20 — *Le Sommeil.*

Une jeune femme, vêtue d'un peignoir clair, s'est endormie pendant la lecture du livre qu'elle tient encore de la main gauche.

Signé dans le haut, à gauche.

Toile. Haut., 55 cent.; larg., 46 cent

HÉREAU
(JULES)

21 — *Pâturage normand.*

Signé à droite, avec dédicace : " A mon ami Cals ".

Toile. Haut., 22 cent.; larg., 29 cent.

ISABEY
(EUGÉNE)

22 — *L'Abdication de Marie Stuart.*

Signé du monogramme à gauche.

Toile. Haut., 19 cent.; larg., 24 cent.

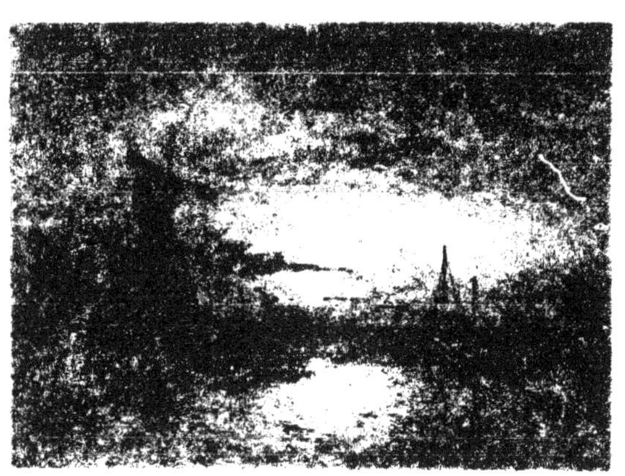

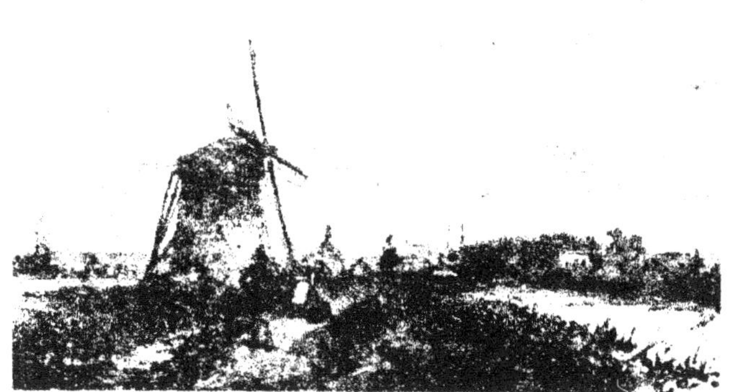

GAUTIER

18 — [illegible]

GAUTIER

GAUTIER

ISABEY

JONGKIND

n° 24

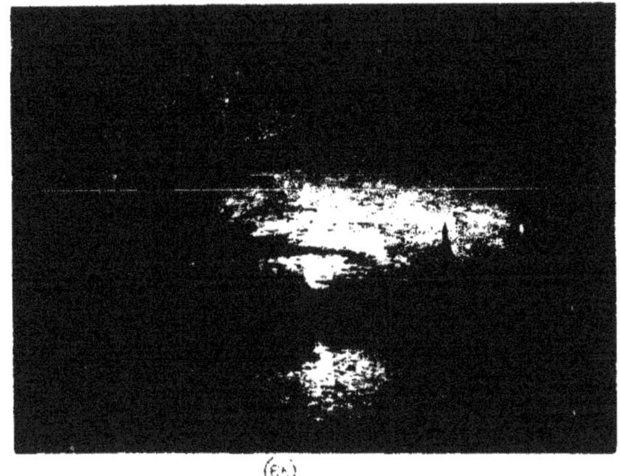

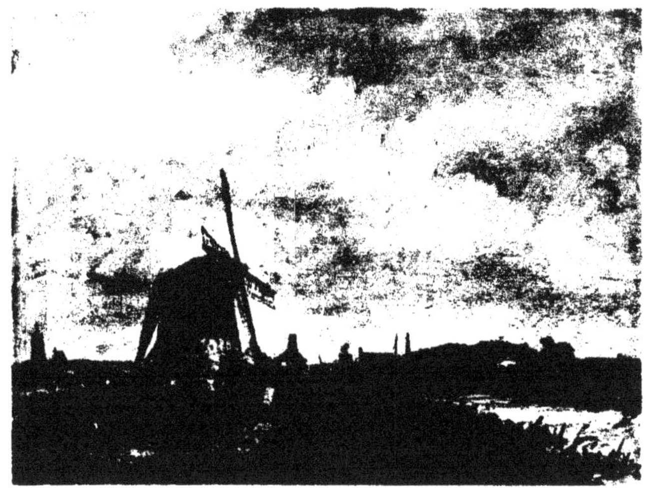

JONGKIND

n° 25

Phototypie Berthaud, Paris

JAPY
(L. A.)

23 — *Effet de nuit.*

Signé à gauche.

Toile. Haut., 38 cent.; larg., 46 cent.

150

JONGKIND
(J. B.)

24 — *Moulin au bord d'une rivière; clair de lune.*

A gauche, sur la berge éclairée par les rayons de la lune, un grand moulin se profile sur le ciel traversé par quelques nuages.

Vers la droite, un bateau chargé de fourrages est à l'ancre près d'un groupe de maisons où brille une lumière.

Signé à gauche et daté : *1872.*

Toile. Haut., 34 cent.; long., 47 cent.

3 . 300
Durand-Ruel

JONGKIND

25 — *Près d'Overschie (Hollande).*

Au bord du canal qui va vers la droite, un haleur à cheval remorque un coche d'eau " trekschuit ".

A gauche, un moulin; sur la route, un promeneur vu de dos; plus loin, un groupe de femmes et, dans le lointain, quelques paysans.

Au fond, à gauche, le clocher du village d'Overschie.

Ciel nuageux.

Signé à gauche et daté : *1859.*

Toile. Haut., 42 cent. 1 2 : larg., 56 cent. 1 2.

6 750
Montaignac

LA ROCHENOIRE
(E. C. J. de)

26 — *Vaches au pâturage.*

Signé à gauche.

Toile. Haut., 50 cent.; larg., 78 cent.

230

LÉPINE

(STANISLAS)

27 — *Un Quai.*

> Vers la gauche, le chantier où un navire amarré au quai attend son charge-
> ment de pierres à construction.
> Plus loin, vers la droite, deux autres navires. Au fond, le port.
> Signé à gauche et daté : 58.
>
> Toile. Haut., 21 cent.; larg., 34 cent.

LÉPINE

(STANISLAS)

28 — *La Cour du Musée de Cluny.*

> Au fond, l'entrée du musée dont l'architecture se profile vers le premier
> plan. A droite, un groupe de promeneurs.
> Signé à gauche.
>
> Panneau. Haut., 23 cent. 1/2 ; larg., 15 cent. 1/2.

LÉVY

(E.)

29 — *Jeune Femme portant des fleurs.*

> Panneau. Haut., 35 cent.; larg., 26 cent.

METTLING

(L.)

30 — *Jeune Femme au corsage noir.*

> Signé du monogramme à gauche.
>
> Toile. Haut., 32 cent.; larg., 24 cent.

MONTICELLI

31 — *Conversation galante.*

> Panneau. Haut., 12 cent.; larg., 42 cent. 1 2.

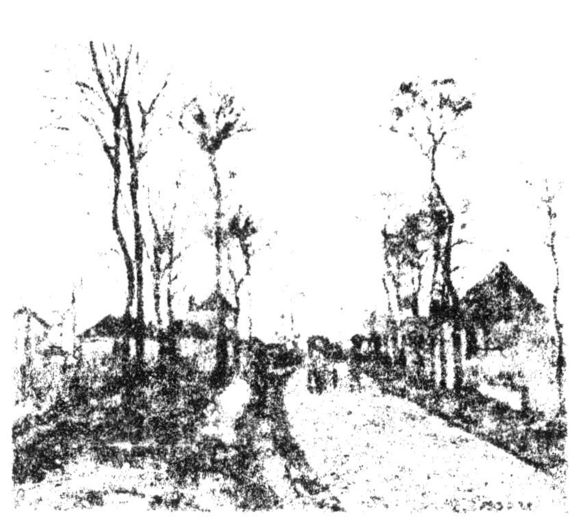

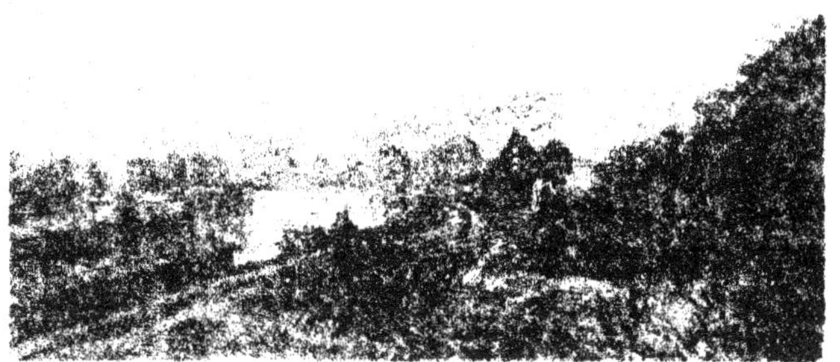

LUPINI

LUPINI

MILLESIME

MONTICELLI

PISSARRO
n° 35

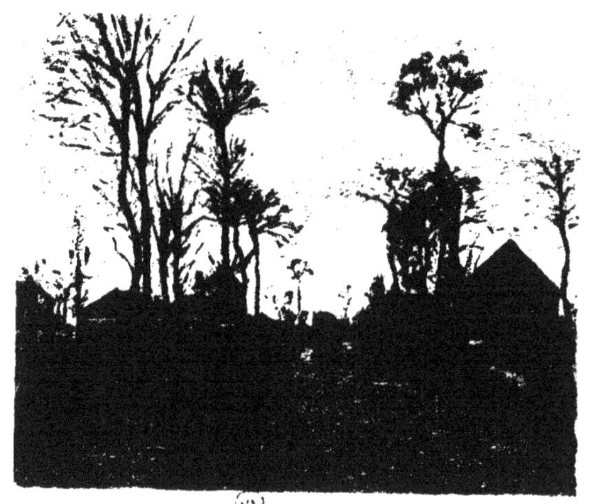

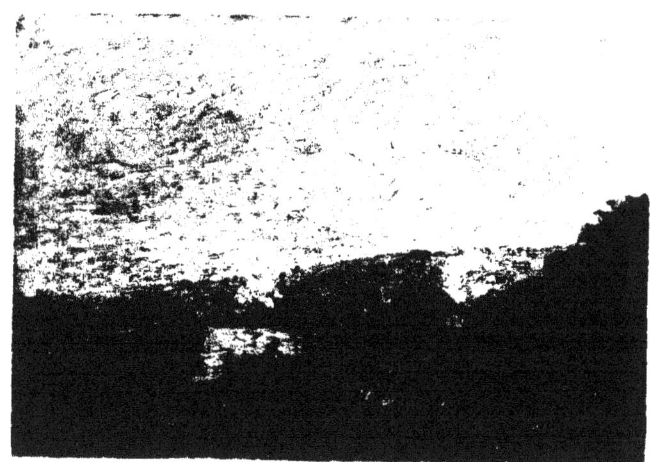

SISLEY
n° 39

NOTERMAN
(ZACHARIE)

32 — *Basse-cour*.

Signé à gauche.

Panneau. Haut., 28 cent.; larg., 43 cent.

PIETTE
(L.)

33 — *L'Étang*.

Au premier plan d'un site montagneux, les eaux limpides d'un étang reflètent la verdure d'un bouquet de grands arbres.

Au fond, un paysan à cheval passe un pont rustique et se dirige vers la gauche.

Signé à droite.

Toile. Haut., 1 mètre; larg., 1 m 57 cent.

PIETTE
(L.)

34 — *Les Cerises*.

Signé à gauche.

Panneau. Haut., 19 cent. 1/2; larg., 24 cent.

PISSARRO
(CAMILLE)

35 — *Paysage d'Hiver; Route de Versailles à Louveciennes*.

Dégarnis de leur feuillage, de grands arbres bordent la chaussée où un charretier conduit sa voiture attelée d'un cheval blanc. Vers la gauche, une paysanne chemine sur le sentier qui longe la route.

Au delà des arbres, plusieurs groupes de maisons se profilent sur le ciel clair.

Signé à droite.

Toile. Haut., 46 cent.; larg., 55 cent.

QUOST
(E.)

36 — *Nature morte : Gibier et Fruits.*

Signé à gauche.

Toile. Haut., 54 cent.; larg., 65 cent.

RENOIR
(PIERRE-AUGUSTE)

37 — *R.. .s et Bluets.*

Signé à droite.

Toile. Haut., 33 cent.; larg., 41 cent.

RIBOT
(THÉODULE)

38 — *Le Jeune Cuisinier.*

Signé à gauche.

Bois. Haut., 18 cent. 1/2; larg., 11 cent.

SISLEY
(ALFRED)

39 — *Les Bords du Loing.*

Au premier plan, un terrain vague est bordé à gauche par le chemin de halage où un homme remorque un bateau.

Plus loin, deux promeneurs se dirigent vers une maison dont le toit pointu se profile sur les coteaux qui occupent le fond du paysage.

A gauche, sur la rivière, plusieurs bateaux-lavoirs. A droite, un parc clos de murs.

Ciel nuageux.

Signé à droite.

Toile. Haut., 50 cent.; larg., 73 cent.

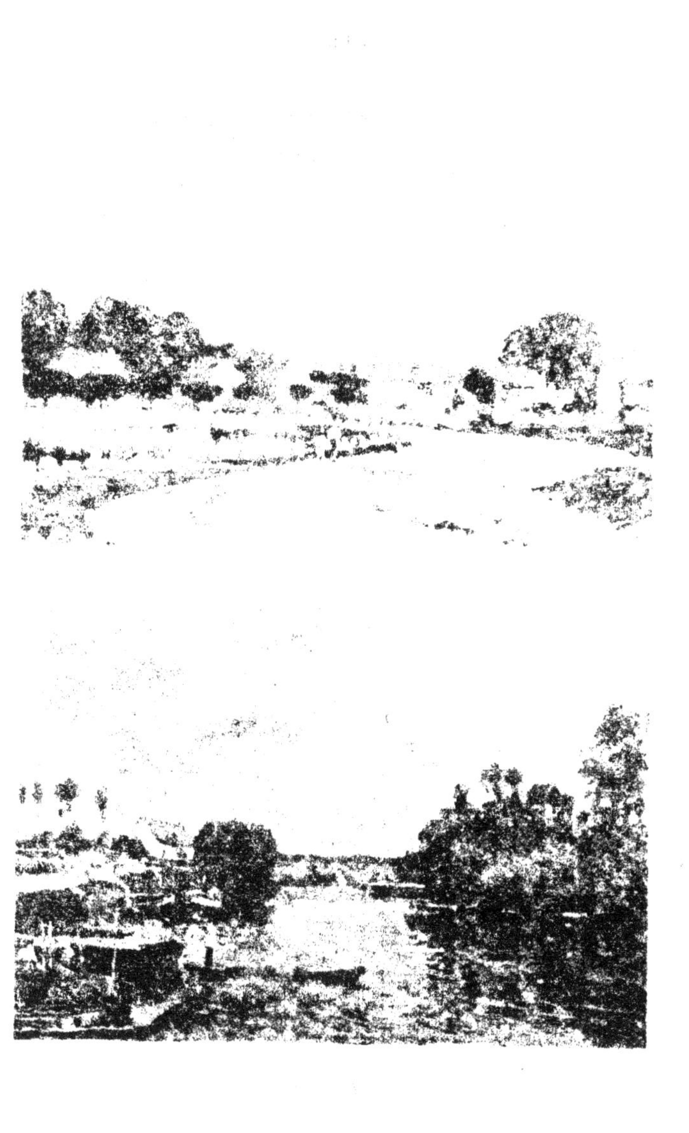

85

800
vollo

1h

2-9

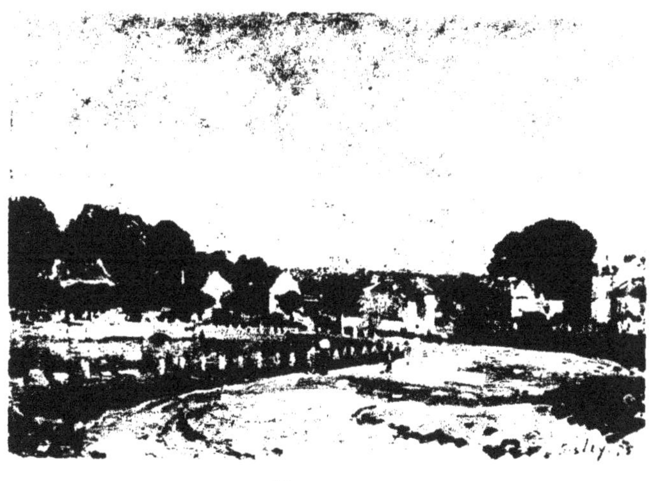

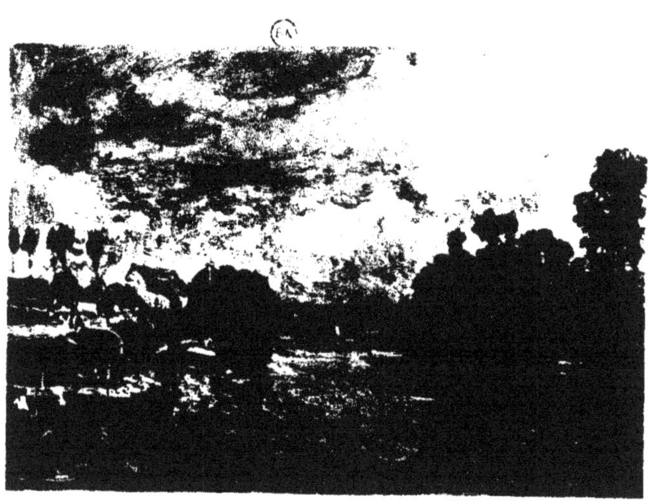

SISLEY

n° 41

Phototypie Berthaud, Paris

SISLEY
(ALFRED)

40 — *L'Abreuvoir de Marly.*

Au premier plan, longeant l'abreuvoir, la route de Versailles où deux promeneurs, vus de dos, se dirigent vers la droite.

De l'autre côté de l'abreuvoir, la route conduisant à la forêt de Marly est bordée de tilleuls.

Au fond, la plaine où le château de Saint-Germain détache sa silhouette sur le ciel bleu que traversent de légers nuages.

Signé à droite et daté : 75.

Toile. Haut., 38 cent.; larg., 55 cent.

SISLEY
(ALFRED)

41 — *Bords de rivière.*

Au premier plan, à gauche, plusieurs embarcations ; dans l'une d'elles, un pêcheur à la ligne s'est installé. Un canot, monté par un homme qui est debout, une perche à la main, se dirige vers la gauche. Plus loin, une péniche est amarrée.

Au bord du chemin qui longe la rivière, un hangar à toit rouge, quelques peupliers et une ferme couverte de chaume.

A droite, de grands arbres bordent l'eau ; plus loin, un bateau-lavoir et la voile blanche d'un canot.

Signé à droite et daté : 75.

Toile. Haut., 38 cent.; larg., 55 cent.

TASSAERT
(N. F. O.)

42 — *L'Atelier de Gringonneur.*

Signé à gauche et daté : 1862.

Toile. Haut., 32 cent.; larg., 24 cent.

VERNON
(PAUL)

43 — *Dans les bois : le Bûcheron.*

Signé à gauche.

Toile. Haut., 38 cent.; larg., 46 cent

VERNON
(PAUL)

44 — *Dans la Forêt.*

Signé à gauche.

Panneau. Haut., 37 cent.; larg., 46 cent.

VIGNON
(VICTOR)

45 — *Paysage d'hiver; Soleil couchant.*

Bordée de murs, la route conduisant au village que l'on aperçoit au fond est couverte de neige. A droite, au delà du mur, une maison de campagne détache sa silhouette sur le ciel gris.

Signé à droite.

Toile. Haut., 32 cent.; larg , 41 cent.

VIGNON
(VICTOR)

46 — *Entrée de Village.*

Signé à gauche.

Toile. Haut., 33 cent.; larg., 41 cent.

VIGNON
(VICTOR)

47 — *Bords de la Seine.*

Signé à gauche.

Toile. Haut., 27 cent.; larg., 40 cent.

TABLEAUX ANCIENS

VAN DYCK
(d'après)

48 — *Portrait d'Homme.*

Toile. Haut., 38 cent.; larg., 24 cent.

ÉCOLE FLAMANDE

49 — *Hérodiade.*

Toile. Haut., 1 m. 31 cent.; larg., 1 m. 79 cent.

ÉCOLE FRANÇAISE

50 — *Portrait d'Homme.*

Toile. Haut., 55 cent.; larg., 46 cent.

ÉCOLE HOLLANDAISE

51 — *Portrait de Femme.*

Toile. Haut., 52 cent.; larg., 43 cent.

ÉCOLE HOLLANDAISE

52 — *Portrait d'Homme.*

Toile. Haut., 52 cent.; larg., 43 cent.

ÉCOLE ITALIENNE

53 — *Intérieur d'Église.*

Toile. Haut., 34 cent.; larg., 45 cent.

ÉCOLE DE POURBUS

54 — *Portrait de Femme.*

Cadre en bois sculpté.

Toile. Haut., 1 m. 30 cent.; larg., 1 m. 02 cent.

AQUARELLES

DESSINS ET GRAVURES

JONGKIND
(J.-B.)

55 — *Paysage à Saint-Clair.*

> Aquarelle.
> Signée à droite et datée : 27 sept. 64.

Haut., 30 cent.; larg., 49 cent.

JONGKIND
(J.-B.)

56 — *Bord de canal, Hollande.*

> Dessin rehaussé de sépia.
> Signé à droite.

Haut., 24 cent.: larg., 33 cent.

PIETTE

57 — *Vue du Mans.*

> Sur la route longeant une mare, une femme et deux enfants se dirigent vers la ville dont le château et les maisons à toit d'ardoise occupent le fond de la composition.
> Signé à gauche et daté : 15 janvier 1872.
> Aquarelle.

Haut., 32 cent.: larg., 58 cent.

PIETTE

58 — *Au Village : le Marché.*

    Signé à gauche et daté : *1875.*
    Aquarelle.

Haut., 30 cent.; larg., 44 cent.

PIETTE

59 — *Paysage.*

    Aquarelle.
    Signée du monogramme à droite et datée à gauche : *1869.*

Haut., 12 cent.; larg., 26 cent.

ÉCOLE ITALIENNE

60 — *Sainte Famille.*

    Dessin.

Haut., 33 cent.; larg , 26 cent.

ALIAMET

(D'après BOUCHER)

61 — *La Bergère prévoyante.*

    Gravure.

Haut., 40 cent.; larg., 31 cent.

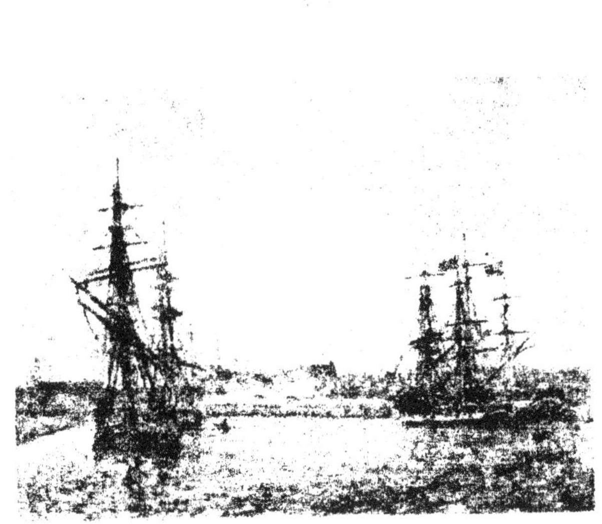

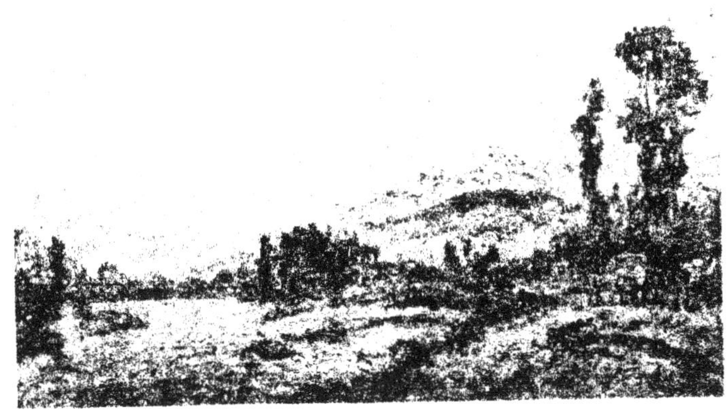

— 38 —

PIETTE

ÉCOLE ITALIENNE

ALLEMA[illegible]

JONGKIND

n° 63

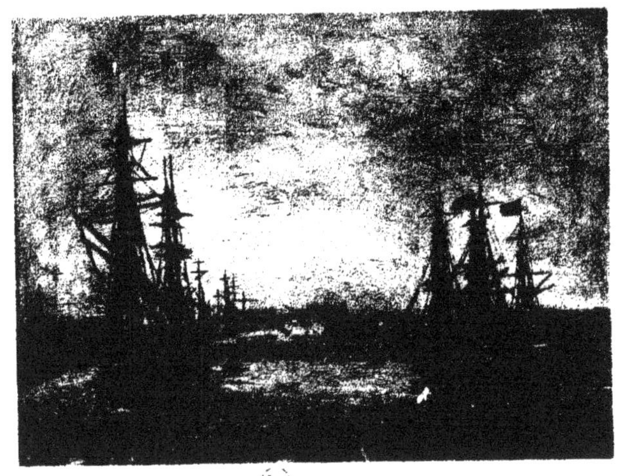

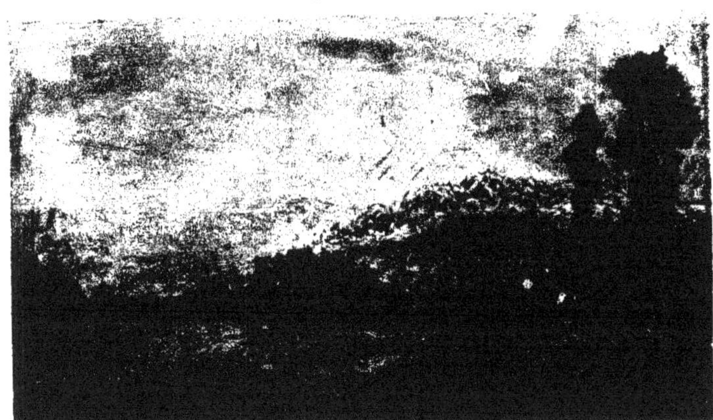

JONGKIND

n° 64

Tableaux appartenant à Madame Mareschal
Née BASCLE

JONGKIND
(J.-B.)

62 — *Rotterdam ; Clair de lune.*

3.600

Vers la droite, un navire est à l'ancre et profile sa haute mâture sur le ciel chargé de nuages. Les rayons de la lune se reflètent dans les eaux du canal sur lequel on aperçoit au fond la silhouette d'un pont-levis et les maisons de la ville.

Signé à gauche et daté : *Rotterdam 68*.

Toile. Haut., 33 cent.; larg., 25 cent.

JONGKIND
(J.-B.

63 — *Marine.*

5. 200
Sarlin

A gauche, deux navires aux voiles carguées sont à l'ancre dans le bassin. A droite, deux autres navires, battant pavillon anglais, sont amarrés près d'une digue. Une chaloupe, montée par deux hommes, semble se diriger de leur côté. Au fond, les constructions du port.

Signé à gauche et daté : *1862*.

Toile. Haut., 35 cent.; larg., 48 cent.

JONGKIND
(J.-B)

64 — *Une Tuilerie au bord de l'Isère.*

2.700

Au verso, sur le châssis, inscription de la main de l'artiste : « *Une Tuilerie au bord de l'Isère une demie Heure au dessus de Grenoble au fond les montagnes de l'Uriage le 14 sept. 1882.* »

Signé et daté : *1882*.

Toile. Haut., 33 cent.; larg., 56 cent.

JONGKIND
(J.-B.)

pas vendu 65 — *Le Poudreux, près Honfleur.*

A droite, sur les bancs de sable de l'embouchure de la Seine, plusieurs bateaux de pêche sont échoués.

A gauche, surplombant la grève, un grand arbre abrite un pavillon rustique près duquel deux chevaux sont gardés par un valet de ferme.

Signé à droite et daté : *1864.*

Toile. Haut., 33 cent.; larg., 43 cent.

JONGKIND
(J.-B.)

5.200

Monteux

66 — *Le Canal de Willebroeck, environs de Bruxelles.*

Un chaland, portant le pavillon belge, est amarré près du quai où l'on aperçoit un groupe de promeneurs. Sur le pont du bateau, un débardeur s'apprête à charrier vers la berge une brouette chargée de briques.

Longeant la rive opposée, une rangée de maisons est abritée par de grands arbres. Dans le ciel, quelques nuages clairs.

Signé et daté : *1866.*

Toile. Haut., 32 cent.; larg., 46 cent.

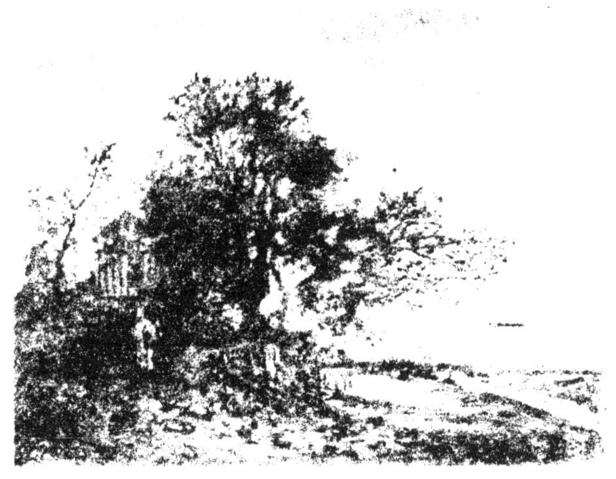

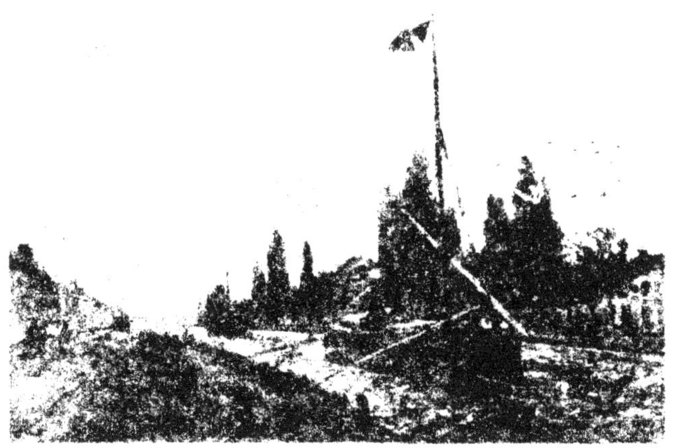

JONGKIND

par [illegible]

5.20
Monet [illegible]

JONGKIND

n° 65

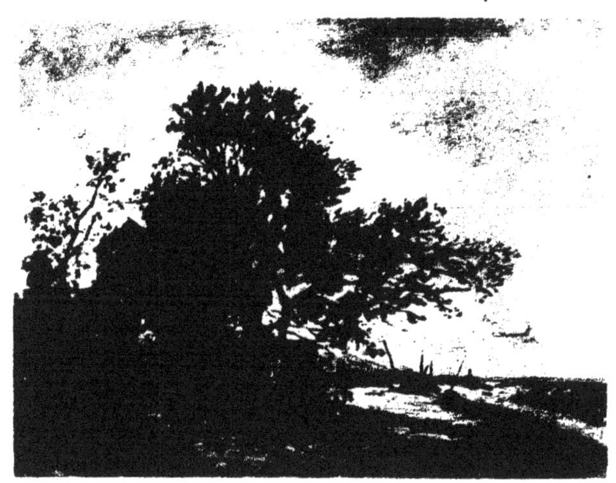

JONGKIND

n° 66